The Forest Of Dreams And Other Bilingual Spanish-English Stories For Children

Pomme Bilingual

Published by Pomme Bilingual, 2024.

While every precaution has been taken in the preparation of this book, the publisher assumes no responsibility for errors or omissions, or for damages resulting from the use of the information contained herein.

THE FOREST OF DREAMS AND OTHER BILINGUAL SPANISH-ENGLISH STORIES FOR CHILDREN

Table of Contents

El Bosque de los Susurros

En un pequeño pueblo rodeado de colinas verdes y praderas doradas, vivía una niña llamada Luna. Sus ojos brillaban como estrellas y su corazón estaba lleno de curiosidad. Aunque Luna tenía muchos amigos, siempre soñaba con aventuras más allá de los límites de su hogar. Un día, mientras exploraba el bosque cercano, encontró un camino que nunca antes había visto.

Este camino estaba cubierto de hojas doradas y parecía susurrar suavemente al viento, como si invitara a quien lo escuchara a descubrir sus secretos. Intrigada, Luna decidió seguirlo. Mientras caminaba, el bosque se volvía cada vez más mágico. Los árboles hablaban entre sí con un lenguaje que sólo Luna podía entender, y las flores bailaban al ritmo de una melodía invisible.

Luna pronto llegó a un claro en el bosque donde encontró a un pequeño zorro de pelaje dorado que parecía estar esperando por ella. El zorro, con una voz suave y melodiosa, le dijo: "Hola, Luna. Te estaba esperando. Este es el Bosque de los Susurros, y tú eres la elegida para vivir una aventura especial."

Luna, sorprendida pero emocionada, le preguntó al zorro qué debía hacer. "Debes encontrar el Corazón del Bosque," explicó el zorro. "Es una gema mágica que guarda los deseos de todos los que alguna vez han tenido fe en la magia. Para encontrarla, necesitas seguir los susurros de los árboles y escuchar el canto de las flores."

Así, Luna siguió las instrucciones del zorro. Se adentró en el bosque, escuchando atentamente los susurros que le guiaban. Los árboles le contaban historias antiguas y las flores le daban pistas sobre el camino a seguir. Aunque a veces se sentía cansada y desorientada, Luna nunca perdió la esperanza y continuó adelante.

Finalmente, después de muchas horas de búsqueda, Luna llegó a un rincón del bosque donde los susurros eran más fuertes y el aire olía a miel. En el centro del rincón, encontró una piedra luminosa en forma de corazón, rodeada de luces doradas que danzaban alrededor. Era el Corazón del Bosque.

Cuando Luna tocó la gema, una ola de calidez la envolvió y sintió como si todos sus deseos más profundos se volvieran realidad. Pero más allá de eso, comprendió que la verdadera magia estaba en la valentía de seguir su corazón y en la belleza de creer en lo imposible.

El zorro dorado apareció nuevamente y le dijo: "Has encontrado el Corazón del Bosque, Luna. Pero lo más importante es que has aprendido que la verdadera magia está dentro de ti. Gracias a tu valentía y tu fe, el bosque siempre estará aquí para ti."

Luna sonrió, agradecida y feliz. Regresó a su hogar, llevando consigo una nueva comprensión sobre la magia y el poder de los sueños. Aunque el Bosque de los Susurros seguía siendo un lugar especial, Luna sabía que la verdadera aventura era vivir con el corazón abierto y lleno de esperanza.

Y así, Luna vivió muchas más aventuras, siempre con el recuerdo de aquel mágico bosque en su corazón y la certeza de que la magia está en cada rincón de la vida, esperando ser descubierta por aquellos que creen en ella.

The Whispering Forest

In a small village surrounded by green hills and golden meadows, lived a girl named Luna. Her eyes sparkled like stars and her heart was full of curiosity. Although Luna had many friends, she always dreamed of adventures beyond the boundaries of her home. One day, while exploring the nearby forest, she discovered a path she had never seen before.

This path was covered in golden leaves and seemed to whisper softly in the wind, as if inviting those who heard it to uncover its secrets. Intrigued, Luna decided to follow it. As she walked, the forest grew more and more magical. The trees spoke to each other in a language only Luna could understand, and the flowers danced to the rhythm of an invisible melody.

Soon, Luna arrived at a clearing in the forest where she found a small fox with golden fur that seemed to be waiting for her. The fox, with a soft and melodious voice, said, "Hello, Luna. I have been waiting for you. This is the Whispering Forest, and you are chosen to experience a special adventure."

Surprised but excited, Luna asked the fox what she needed to do. "You must find the Heart of the Forest," the fox explained. "It is a magical gem that holds the wishes of all those who have ever believed in magic. To find it, you need to follow the whispers of the trees and listen to the songs of the flowers."

So, Luna followed the fox's instructions. She ventured deeper into the forest, listening carefully to the whispers guiding her. The trees told her ancient stories, and the flowers gave her clues about which way to go. Although she sometimes felt tired and disoriented, Luna never lost hope and kept going.

Finally, after many hours of searching, Luna reached a spot in the forest where the whispers were louder and the air smelled like honey. In the center of the spot, she found a glowing heart-shaped stone surrounded by golden lights dancing around it. It was the Heart of the Forest.

When Luna touched the gem, a wave of warmth enveloped her, and she felt as if all her deepest wishes were coming true. But beyond that, she realized that the true magic lay in the courage to follow her heart and in the beauty of believing in the impossible.

The golden fox appeared again and said, "You have found the Heart of the Forest, Luna. But the most important thing is that you have learned that true magic is within you. Thanks to your bravery and faith, the forest will always be here for you."

Luna smiled, grateful and happy. She returned home, carrying with her a new understanding of magic and the power of dreams. Although the Whispering Forest remained a special place, Luna knew that the real adventure was living with an open heart and full of hope.

And so, Luna went on many more adventures, always with the memory of that magical forest in her heart and the certainty that magic is in every corner of life, waiting to be discovered by those who believe in it.

El Bosque de los Sueños

En lo profundo de un bosque encantado, donde los árboles susurraban secretos y el viento cantaba melodías olvidadas, vivía un lobo azul llamado Luis. Su pelaje era de un tono azul brillante que lo hacía destacar en el bosque, y sus ojos reflejaban una sabiduría que solo los más viejos del bosque poseían. A pesar de su singular belleza y la admiración que despertaba entre los demás animales, Luis sentía un vacío en su corazón. Anhelaba encontrar un lugar donde pudiera sentirse verdaderamente en casa y entender su propósito en el mundo.

Una mañana, mientras el sol filtraba sus primeros rayos dorados a través de las hojas verdes, Luis decidió emprender un viaje. No sabía exactamente adónde lo llevaría, pero confiaba en que el bosque le revelaría el camino. Se despidió de sus amigos, el ciervo sabio, la lechuza sabia y la ardilla juguetona, quienes le ofrecieron consejos y buenos deseos.

El bosque estaba lleno de maravillas y desafíos. Los primeros días fueron de descubrimiento. Luis encontró un lago cristalino donde los peces nadaban en formación perfecta, creando patrones asombrosos en el agua. Allí, una tortuga anciana le contó historias sobre los antiguos guardianes del bosque y le ofreció una brújula mágica que nunca se desviaba del verdadero norte del corazón.

Más adelante, Luis llegó a un campo de flores brillantes que cambiaban de color con cada paso que daba. Un zorro travieso se le acercó y le dijo que las flores respondían a las emociones de quien las tocaba. Si estaba feliz, las flores eran de un azul profundo; si estaba triste, se volvían de un gris apagado. Luis se dio cuenta de que su corazón estaba lleno de incertidumbre y tristeza, y las flores se volvieron grises. El zorro, con una mirada comprensiva, le dijo que encontraría la luz cuando encontrara el lugar al que pertenecía.

Uno de los días más desafiantes fue cuando Luis se adentró en la Niebla de los Sueños, un lugar donde todo parecía difuso y las formas eran confusas. Aquí, encontró a una anciana cabra que le enseñó a escuchar las voces del viento, que llevaban consigo las respuestas a las preguntas más profundas. La cabra le explicó que, para encontrar su propósito, debía escuchar la voz de su corazón y tener fe en su propio valor.

Con el tiempo, Luis llegó a una colina alta desde donde podía ver todo el bosque extendiéndose a sus pies. Mientras contemplaba el paisaje, entendió que su viaje no era solo para encontrar un lugar, sino para descubrir su propio corazón y su lugar en el mundo. Se dio cuenta de que el bosque entero era su hogar y que su propósito era ser un guía y protector de los que buscaban respuestas y consuelo.

Luis regresó a su bosque natal, no solo como el lobo azul que había partido, sino como un lobo sabio y sereno que entendía la importancia de su propia existencia. Se convirtió en el guardián del Bosque de los Sueños, un lugar donde los animales venían en busca de guía y paz. Cada noche, bajo el manto estrellado del cielo, Luis compartía sus historias y enseñanzas con los demás animales, ayudándolos a encontrar su propio camino y propósito.

El bosque nunca volvió a ser el mismo. Se convirtió en un lugar aún más mágico, lleno de esperanza y sabiduría, donde cada ser viviente encontraba consuelo y dirección. Luis había encontrado su hogar y su propósito, y en el proceso, había aprendido que el viaje más importante es el que nos lleva a conocer y comprender nuestro propio corazón.

The Forest of Dreams

In the heart of an enchanted forest, where trees whispered secrets and the wind sang forgotten melodies, lived a blue wolf named Luis. His fur was a striking shade of blue that made him stand out in the forest, and his eyes reflected a wisdom possessed only by the oldest creatures of the woods. Despite his unique beauty and the admiration he inspired among other animals, Luis felt a void in his heart. He longed to find a place where he could truly feel at home and understand his purpose in the world.

One morning, as the sun filtered its first golden rays through the green leaves, Luis decided to embark on a journey. He didn't know exactly where it would lead him, but he trusted that the forest would reveal the way. He said goodbye to his friends, the wise deer, the knowledgeable owl, and the playful squirrel, who offered him advice and well-wishes.

The forest was full of wonders and challenges. The first days were filled with discovery. Luis found a crystal-clear lake where fish swam in perfect formation, creating astonishing patterns in the water. There, an ancient tortoise told him stories about the ancient guardians of the forest and gave him a magical compass that never strayed from the true north of the heart.

Further along, Luis came to a field of glowing flowers that changed color with each step he took. A mischievous fox approached him and said that the flowers responded to the emotions of those who touched them. If he was happy, the flowers were a deep blue; if he was sad, they turned a dull gray. Luis realized that his heart was full of uncertainty and sadness, and the flowers turned gray. The fox, with an understanding gaze, told him that he would find the light when he discovered the place where he belonged.

One of the most challenging days came when Luis ventured into the Mist of Dreams, a place where everything seemed blurry and shapes were confusing. Here, he met an old goat who taught him to listen to the voices of the wind, which carried the answers to the deepest questions. The goat explained that, to find his purpose, he needed to listen to the voice of his heart and have faith in his own worth.

Over time, Luis reached a high hill from where he could see the entire forest stretching out beneath him. As he looked out over the landscape, he realized that his journey was not just about finding a place but about discovering his own heart and his place in the world. He understood that the entire forest was his home and that his purpose was to be a guide and protector for those seeking answers and comfort.

Luis returned to his home forest, not just as the blue wolf who had left, but as a wise and serene wolf who understood the importance of his own existence. He became the guardian of the Forest of Dreams, a place where animals came seeking guidance and peace. Every night, under the starry canopy of the sky, Luis shared his stories and teachings with the other animals, helping them find their own path and purpose.

The forest was never the same again. It became an even more magical place, full of hope and wisdom, where every living being found comfort and direction. Luis had found his home and his purpose, and in the process, he had learned that the most important journey is the one that leads us to know and understand our own heart.

El Valle de los Mil Colores

En un rincón olvidado del mundo, donde las montañas abrazaban el cielo y los ríos cantaban canciones de antaño, vivía una pequeña mariposa llamada Brisa. Brisa era conocida por sus alas iridiscentes que reflejaban todos los colores del arcoíris y por su curiosidad inagotable. Aunque el Jardín de los Susurros, donde vivía, era un lugar hermoso, Brisa sentía un anhelo profundo por explorar más allá de sus fronteras.

Cada mañana, al despertar con el primer rayo de sol, Brisa observaba cómo los pájaros se aventuraban fuera del jardín y se preguntaba qué maravillas había más allá de las colinas verdes y los bosques oscuros. Decidió que era el momento de seguir su corazón y descubrir el Valle de los Mil Colores del que había oído tantas historias.

Un día, Brisa se despidió de sus amigos: la sabia tortuga Tula, el alegre colibrí Milo y la generosa flor Rosa. Con un susurro de promesa y un par de alas cargadas de esperanza, emprendió su vuelo hacia el desconocido horizonte.

El viaje comenzó en la mañana, y Brisa voló sobre praderas doradas donde el sol abrazaba la tierra. Cada flor y cada hoja parecían contarle historias sobre el mundo que ella aún no conocía. Durante su primer descanso, Brisa encontró un riachuelo cristalino donde una ranita le dio un consejo: "Sigue la corriente del agua. Ella te llevará hacia el valle que buscas, pero recuerda, el viaje es tan importante como el destino."

Brisa siguió el consejo de la ranita y dejó que la corriente la guiara. El río serpenteaba por valles profundos y colinas onduladas, y pronto, Brisa llegó a un bosque denso y misterioso. Aquí, los árboles eran tan altos que sus copas tocaban el cielo, y sus hojas susurraban secretos en el viento. Brisa se sintió un poco intimidada, pero el canto de los pájaros y el aroma de las flores la animaron a seguir adelante.

En el corazón del bosque, Brisa encontró una anciana lechuza llamada Orelia que parecía estar esperando por ella. "Hola, pequeña mariposa," dijo Orelia con voz suave. "He oído hablar de tu viaje y estoy aquí para ayudarte. El Valle de los Mil Colores es un lugar especial, y para llegar allí, debes cruzar el Puente del Crepúsculo."

Orelia le explicó que el Puente del Crepúsculo era un puente mágico que solo aparecía al atardecer y que estaba hecho de luces y sombras. Brisa tendría que esperar hasta que el sol comenzara a ocultarse para poder cruzarlo. Mientras esperaba, Orelia le mostró un mapa antiguo del bosque, lleno de marcas y caminos secretos. "Este mapa te ayudará a encontrar el puente," le dijo Orelia. "Pero recuerda, la belleza del viaje está en cada paso que des y en cada descubrimiento que hagas."

Cuando el sol comenzó a ocultarse y el cielo se tiñó de tonos dorados y rosados, el Puente del Crepúsculo apareció ante Brisa. Era un puente resplandeciente que brillaba con mil colores, y al cruzarlo, Brisa sintió una mezcla de emoción y tranquilidad. Al otro lado del puente, el paisaje cambió drásticamente. El Valle de los Mil Colores se extendía ante ella, un lugar de vibrantes tonalidades y luces danzantes.

El valle estaba lleno de flores que emitían destellos de colores, árboles que cambiaban de forma y criaturas mágicas que jugaban entre los campos. Cada rincón del valle parecía contar una historia, y Brisa se sumergió en la belleza del lugar, sintiéndose abrumada por la maravilla de todo lo que veía.

Brisa encontró a una criatura peculiar, un dragón pequeño con escamas brillantes llamado Lúm. Lúm era el guardián del valle y estaba encantado de conocer a Brisa. "Bienvenida, mariposa," dijo Lúm con una sonrisa radiante. "Este es el Valle de los Mil Colores, un lugar que solo aquellos que buscan con el corazón pueden encontrar. ¿Qué te trae aquí?"

Brisa le contó a Lúm sobre su deseo de descubrir el mundo más allá del Jardín de los Susurros y su anhelo de encontrar su lugar en el mundo. Lúm la escuchó con atención y, con un gesto de su cola, hizo aparecer un libro antiguo lleno de historias y leyendas del valle. "Este libro contiene las historias de aquellos que han encontrado su propósito en el valle. Quizás encontrarás algo que resuene con tu propio corazón."

Brisa hojeó el libro y encontró historias de valientes exploradores, sabios ancianos y soñadores que habían llegado al valle en busca de respuestas. Cada historia estaba llena de magia y esperanza, y Brisa comenzó a entender que su propio viaje era parte de una historia mucho más grande.

Con el tiempo, Brisa descubrió que el Valle de los Mil Colores no era solo un lugar de maravillas visuales, sino también un lugar donde uno podía encontrar su verdadero yo. Se dio cuenta de que el viaje no solo la había llevado a un lugar mágico, sino también a un entendimiento más profundo de sí misma. Comprendió que el valor de su viaje no estaba solo en el destino, sino en la aventura misma y en las lecciones aprendidas en el camino.

Lúm, al ver el brillo en los ojos de Brisa, le dijo: "Tu viaje ha sido un éxito porque has encontrado lo que viniste a buscar: la comprensión de tu propio corazón y el valor de seguir tus sueños. El Valle de los Mil Colores siempre estará aquí para ti, como un recordatorio de que la verdadera magia se encuentra en el viaje y en la valentía de seguir tu propio camino."

Brisa agradeció a Lúm y a todos los habitantes del valle por la cálida bienvenida y las enseñanzas que había recibido. Con el corazón lleno de gratitud y sabiduría, emprendió el viaje de regreso a su hogar. Aunque había regresado al Jardín de los Susurros, ya no era la misma mariposa que se había ido. Llevaba consigo una comprensión más profunda de la vida y una apreciación por la belleza de cada momento.

Y así, la mariposa que una vez soñó con aventuras más allá de su jardín encontró su verdadero propósito y ayudó a transformar su hogar en un lugar donde los sueños y la magia florecían. Brisa había aprendido que el viaje es una parte fundamental de la vida, y que la verdadera belleza se encuentra en la valentía de seguir el camino que nos lleva a conocer nuestro propio corazón.

The Valley of a Thousand Colors

In a forgotten corner of the world, where mountains embraced the sky and rivers sang ancient songs, lived a little butterfly named Brisa. Brisa was known for her iridescent wings that reflected every color of the rainbow and for her boundless curiosity. Although she lived in the Whispering Garden, a beautiful place, Brisa felt a deep longing to explore beyond its borders.

Every morning, as she woke with the first rays of sunshine, Brisa watched the birds venture out of the garden and wondered what wonders lay beyond the green hills and dark forests. She decided it was time to follow her heart and discover the Valley of a Thousand Colors that she had heard so many stories about.

One day, Brisa said goodbye to her friends: the wise tortoise Tula, the cheerful hummingbird Milo, and the generous flower Rosa. With a whisper of promise and a pair of wings full of hope, she set off on her journey toward the unknown horizon.

The journey began in the morning, and Brisa flew over golden meadows where the sun embraced the land. Every flower and leaf seemed to tell stories about the world she had yet to discover. During her first rest, Brisa found a crystal-clear stream where a little frog offered her some advice: "Follow the current of the water. It will lead you to the valley you seek, but remember, the journey is as important as the destination."

Brisa followed the frog's advice and let the current guide her. The river meandered through deep valleys and rolling hills, and soon, Brisa arrived at a dense and mysterious forest. Here, the trees were so tall that their tops touched the sky, and their leaves whispered secrets in the wind. Brisa felt a bit intimidated, but the songs of the birds and the scent of the flowers encouraged her to keep going.

In the heart of the forest, Brisa encountered an elderly owl named Orelia who seemed to be waiting for her. "Hello, little butterfly," said Orelia in a gentle voice. "I have heard about your journey and am here to help. The Valley of a Thousand Colors is a special place, and to get there, you must cross the Twilight Bridge."

Orelia explained that the Twilight Bridge was a magical bridge that only appeared at sunset and was made of lights and shadows. Brisa would need to wait until the sun began to set in order to cross it. While she waited, Orelia showed her an ancient map of the forest, filled with marks and hidden paths. "This map will help you find the bridge," Orelia said. "But remember, the beauty of the journey lies in each step you take and every discovery you make."

As the sun began to set and the sky turned golden and pink, the Twilight Bridge appeared before Brisa. It was a shimmering bridge that glowed with a thousand colors, and as she crossed it, Brisa felt a mix of excitement and calm. On the other side of the bridge, the landscape changed dramatically. The Valley of a Thousand Colors stretched out before her, a place of vibrant hues and dancing lights.

The valley was filled with flowers that sparkled with colors, trees that changed shape, and magical creatures playing among the fields. Every corner of the valley seemed to tell a story, and Brisa immersed herself in the beauty of the place, feeling overwhelmed by the wonder of everything she saw.

Brisa met a peculiar creature, a small dragon with bright scales named Lúm. Lúm was the guardian of the valley and was delighted to meet Brisa. "Welcome, butterfly," Lúm said with a radiant smile. "This is the Valley of a Thousand Colors, a place that only those who search with their hearts can find. What brings you here?"

Brisa told Lúm about her desire to explore the world beyond the Whispering Garden and her yearning to find her place in the world. Lúm listened attentively and, with a sweep of his tail, produced an ancient book filled with stories and legends of the valley. "This book contains the stories of those who have found their purpose in the valley. Perhaps you will find something that resonates with your own heart."

Brisa leafed through the book and found stories of brave explorers, wise elders, and dreamers who had come to the valley seeking answers. Each story was filled with magic and hope, and Brisa began to understand that her own journey was part of a much larger story.

Over time, Brisa realized that the Valley of a Thousand Colors was not just a place of visual wonders but also a place where one could find their true self. She understood that the value of her journey was not only in the destination but also in the adventure itself and the lessons learned along the way.

Seeing the glow in Brisa's eyes, Lúm said, "Your journey has been a success because you have found what you came seeking: the understanding of your own heart and the courage to follow your dreams. The Valley of a Thousand Colors will always be here for you as a reminder that true magic is found in the journey and in the bravery to follow your own path."

Brisa thanked Lúm and all the inhabitants of the valley for their warm welcome and the teachings she had received. With her heart full of gratitude and wisdom, she began her journey back home. Although she had returned to the Whispering Garden, she was no longer the same butterfly who had left. She carried with her a deeper understanding of life and an appreciation for the beauty in every moment.

And so, the butterfly who once dreamed of adventures beyond her garden found her true purpose and helped transform her home into a place where dreams and magic flourished. Brisa had learned that the journey is a fundamental part of life, and that true beauty lies in the courage to follow the path that leads us to discover our own heart.

Lía en el Jardín de los Susurros

En una tierra donde el sol parecía tocar cada rincón con su luz dorada y el aire estaba lleno de aromas de flores frescas, vivía una pequeña llama llamada Lía. Su pelaje, de un color rojo vibrante, contrastaba con el verde esmeralda de los campos y las colinas onduladas. A pesar de vivir en un lugar hermoso llamado el Valle de la Alegría, Lía sentía una profunda curiosidad por el mundo más allá de su hogar. A menudo se preguntaba sobre los misterios que se escondían en el Jardín de los Susurros, un lugar del que había oído muchas historias fascinantes.

Una mañana, mientras el sol se alzaba sobre el horizonte y los pájaros cantaban sus primeras canciones del día, Lía decidió que era hora de emprender una aventura. Se despidió de sus amigos: la anciana tortuga Tula, el vivaz colibrí Cielo y la alegre mariposa Clara. Cada uno le ofreció un consejo y un buen deseo para su viaje. Tula le dijo: "Escucha los susurros del viento, te guiarán hacia tu destino. Cielo le pidió: "Sigue siempre el sendero de tu corazón, pues es el más fiel compañero. Clara le dio una pequeña flor mágica que siempre brillaba cuando alguien tenía un corazón puro y valiente.

Lía comenzó su viaje siguiendo el sendero que serpenteaba entre las colinas. Mientras avanzaba, el paisaje cambiaba lentamente. Los campos de flores se transformaban en bosques espesos y las colinas se convertían en montañas imponentes. Durante su trayecto, Lía encontró una serie de señales que parecían dibujadas con luz en el suelo. Estas señales estaban llenas de colores que bailaban al ritmo del viento y parecían invitarla a seguir adelante.

En una de sus paradas, Lía se topó con un río cristalino que reflejaba el cielo azul y las nubes esponjosas. Aquí, conoció a una rana sabia llamada Rina, que se encontraba sentada sobre una piedra. "Hola, pequeña llama," dijo Rina con una voz cálida. "He escuchado que buscas el Jardín de los Susurros. Para llegar allí, debes encontrar la llave de los deseos. Esta llave se oculta en el Corazón del Bosque, y solo aquellos que han demostrado tener un corazón valiente pueden encontrarla."

Rina le explicó que el Corazón del Bosque estaba custodiado por un viejo roble que hablaba con la voz del viento. Lía, animada por las palabras de Rina, siguió las señales de luz y pronto llegó a un bosque frondoso. Aquí, los árboles eran altos y sus hojas parecían cantar al ritmo del viento. En el centro del bosque, encontró al viejo roble, cuyos ramas eran como brazos extendidos hacia el cielo.

"Saludos, joven llama," dijo el roble con una voz profunda. "Para encontrar la llave de los deseos, debes demostrar tu valentía y tu bondad. Dentro de este bosque hay tres pruebas que debes superar: el Laberinto de los Susurros, el Puente de Cristal y el Lago de los Secretos. Cada prueba te enseñará algo sobre ti misma y te acercará más al corazón del bosque."

Lía aceptó el desafío con determinación. La primera prueba, el Laberinto de los Susurros, era un enredo de caminos y senderos que cambiaban constantemente. Mientras avanzaba, los susurros de los árboles parecían confundirla, pero Lía se mantuvo firme, guiada por el brillo de la flor mágica que llevaba consigo. Finalmente, logró encontrar la salida del laberinto y llegó al Puente de Cristal.

El Puente de Cristal era una estructura delicada hecha de cristal transparente que colgaba sobre un abismo profundo. Cada paso que daba hacía que el puente brillara con diferentes colores. Lía sintió miedo, pero recordó las palabras de Cielo y decidió seguir adelante con valentía. Con cada paso, el puente se volvía más brillante y sólido, hasta que finalmente cruzó el puente con éxito.

La última prueba fue el Lago de los Secretos, un lago profundo y misterioso con aguas que reflejaban el cielo estrellado. En el centro del lago había una pequeña isla con una flor dorada. Lía sabía que debía llegar a la isla, pero el lago estaba lleno de sombras y ecos de voces susurrantes. Con la ayuda de la flor mágica, Lía navegó por el lago, enfrentando sus miedos y escuchando su corazón. Finalmente, llegó a la isla y tomó la flor dorada, que reveló la llave de los deseos escondida debajo de sus pétalos.

Con la llave en mano, Lía regresó al viejo roble. "Has demostrado ser valiente y bondadosa," dijo el roble. "Ahora, el Jardín de los Susurros te espera. Usa la llave para abrir el portal que te llevará allí."

Lía insertó la llave en el tronco del roble, y una puerta dorada apareció, iluminando el bosque con una luz suave y cálida. Lía cruzó la puerta y, de repente, se encontró en el Jardín de los Susurros. El jardín era un lugar de belleza indescriptible, lleno de flores que cantaban canciones suaves, árboles que se movían al ritmo del viento y luces flotantes que iluminaban el cielo nocturno. Cada rincón del jardín parecía susurrar secretos y bendiciones.

Lía exploró el jardín, descubriendo su magia y maravilla. Encontró un pequeño rincón donde un grupo de animales se reunía alrededor de una fuente mágica. Estos animales, un zorro sabio, una ardilla curiosa y una lechuza sabia, la recibieron con alegría y le contaron que el Jardín de los Susurros era un lugar donde los deseos y sueños se entrelazaban, y donde se encontraba la verdadera esencia del corazón de cada ser.

Lía pasó tiempo en el jardín, aprendiendo sobre la importancia de seguir su corazón y la belleza de ser valiente. Se dio cuenta de que su viaje no solo había sido una búsqueda de un lugar, sino una exploración de su propia esencia. El Jardín de los Susurros le enseñó que la verdadera magia se encuentra en el viaje mismo y en el valor de enfrentar los desafíos con un corazón abierto.

Finalmente, llegó el momento de regresar a su hogar. Lía se despidió de sus nuevos amigos y del Jardín de los Susurros con un corazón lleno de gratitud y sabiduría. Al regresar al Valle de la Alegría, encontró que su hogar había cambiado. El valle estaba más vibrante y lleno de alegría, gracias a las historias y experiencias que Lía había traído consigo.

Lía compartió sus aventuras con sus amigos, inspirándolos a seguir sus sueños y a encontrar la magia en cada rincón de la vida. El Valle de la Alegría se convirtió en un lugar aún más especial, donde la belleza y la magia florecían en cada momento. Y así, la pequeña llama que una vez soñó con explorar el mundo encontró su verdadero propósito y ayudó a transformar su hogar en un lugar donde los sueños y las esperanzas brillaban con fuerza.

Lía in the Garden of Whispers

In a land where the sun seemed to touch every corner with its golden light and the air was filled with the scents of fresh flowers, lived a little llama named Lía. Her coat, a vibrant red, contrasted with the emerald green of the fields and rolling hills. Though she lived in a beautiful place called the Valley of Joy, Lía felt a deep curiosity about the world beyond her home. She often wondered about the mysteries hidden in the Garden of Whispers, a place she had heard many fascinating stories about.

One morning, as the sun rose over the horizon and the birds sang their first songs of the day, Lía decided it was time to embark on an adventure. She bade farewell to her friends: the elderly tortoise Tula, the lively hummingbird Cielo, and the cheerful butterfly Clara. Each offered her advice and a good wish for her journey. Tula said, "Listen to the whispers of the wind; they will guide you to your destination." Cielo added, "Always follow the path of your heart, for it is the most faithful companion." Clara gave her a small magical flower that always glowed when someone had a pure and brave heart.

Lía began her journey following the path that wound between the hills. As she advanced, the landscape slowly changed. Flower fields transformed into dense forests, and hills became towering mountains. Along the way, Lía encountered a series of signs that seemed drawn with light on the ground. These signs were filled with colors that danced to the rhythm of the wind and seemed to invite her to continue.

During one of her stops, Lía came across a crystal-clear river that mirrored the blue sky and fluffy clouds. Here, she met a wise frog named Rina, sitting on a rock. "Hello, little llama," Rina said in a warm voice. "I have heard you seek the Garden of Whispers. To get there, you must find the Key of Wishes. This key is hidden in the Heart of the Forest, and only those who have shown a brave heart can find it."

Rina explained that the Heart of the Forest was guarded by an old oak tree that spoke with the voice of the wind. Encouraged by Rina's words, Lía followed the light signs and soon arrived at a lush forest. Here, the trees were so tall their leaves seemed to sing in the wind. In the center of the forest, Lía found the old oak tree, its branches stretching out like arms reaching for the sky.

"Greetings, young llama," said the oak tree in a deep voice. "To find the Key of Wishes, you must prove your bravery and kindness. Within this forest, there are three trials you must overcome: the Maze of Whispers, the Crystal Bridge, and the Lake of Secrets. Each trial will teach you something about yourself and bring you closer to the heart of the forest."

Lía accepted the challenge with determination. The first trial, the Maze of Whispers, was a tangle of paths and trails that changed constantly. As she moved forward, the whispers of the trees seemed to confuse her, but Lía stayed resolute, guided by the glow of the magical flower she carried. Eventually, she found her way out of the maze and reached the Crystal Bridge.

The Crystal Bridge was a delicate structure made of transparent crystal, suspended over a deep chasm. Each step she took made the bridge shine with different colors. Lía felt afraid, but she remembered Cielo's words and decided to proceed with courage. With each step, the bridge became brighter and more solid until she finally crossed it successfully.

The final trial was the Lake of Secrets, a deep and mysterious lake with waters that reflected the starry sky. In the center of the lake was a small island with a golden flower. Lía knew she had to reach the island, but the lake was full of shadows and echoing whispers. With the help of the magical flower, Lía navigated the lake, facing her fears and listening to her heart. She finally reached the island and found the golden flower, which revealed the Key of Wishes hidden beneath its petals.

With the key in hand, Lía returned to the old oak tree. "You have shown bravery and kindness," said the oak tree. "Now, the Garden of Whispers awaits you. Use the key to open the portal that will take you there."

Lía inserted the key into the oak tree's trunk, and a golden door appeared, lighting up the forest with a soft, warm glow. Lía walked through the door and suddenly found herself in the Garden of Whispers. The garden was a place of indescribable beauty, filled with flowers that sang gentle songs, trees that moved to the rhythm of the wind, and floating lights that illuminated the night sky. Every corner of the garden seemed to whisper secrets and blessings.

Lía explored the garden, discovering its magic and wonder. She found a small corner where a group of animals gathered around a magical fountain. These animals—a wise fox, a curious squirrel, and a knowledgeable owl—welcomed her warmly and told her that the Garden of Whispers was a place where wishes and dreams intertwined, and where the true essence of each being was found.

Lía spent time in the garden, learning about the importance of following her heart and the beauty of being brave. She realized that her journey had not only been a search for a place but also an exploration of her own essence. The Garden of Whispers taught her that true magic is found in the journey itself and in the courage to face challenges with an open heart.

Eventually, it was time to return home. Lía bid farewell to her new friends and the Garden of Whispers with a heart full of gratitude and wisdom. Upon returning to the Valley of Joy, she found that her home had changed. The valley was more vibrant and joyful, thanks to the stories and experiences Lía had brought back with her.

Lía shared her adventures with her friends, inspiring them to follow their dreams and find magic in every corner of life. The Valley of Joy became an even more special place, where beauty and magic flourished in every moment. And so, the little llama who once dreamed of exploring the world found her true purpose and helped transform her home into a place where dreams and hopes shone brightly.

El Viaje de Tino el Tigre

En un rincón lejano del mundo, donde el cielo se encuentra con las montañas y el viento susurra entre los árboles, vivía un pequeño tigre llamado Tino. A diferencia de los demás tigres de su tribu, que disfrutaban de las aventuras de cazar y explorar, Tino soñaba con descubrir los secretos escondidos en las historias que escuchaba de los ancianos del bosque. Su curiosidad era tan grande como su corazón, y sus ojos brillaban con un anhelo de aventuras que no podía contener.

Una mañana de primavera, mientras el sol iluminaba las colinas y los pájaros cantaban melodías alegres, Tino decidió que era el momento de comenzar su propia aventura. Su padre, un gran y sabio tigre, le había contado historias sobre la Caverna de los Ecos y el Bosque de los Susurros, dos lugares mágicos que, según decían, estaban llenos de maravillas y misterios. Motivado por sus historias, Tino se preparó para el viaje y se despidió de su familia, prometiéndoles regresar con historias de su propia cosecha.

Antes de partir, Tino recibió tres regalos de sus amigos del bosque. La primera era una brújula dorada de la tortuga Tula, que siempre apuntaba hacia el corazón de los deseos. La segunda era un mapa antiguo del búho Ulises, que estaba cubierto de símbolos y secretos. Y el tercero era un pequeño amuleto de la ardilla Susi, que brillaba con una luz cálida en la oscuridad. Con estos regalos en mano, Tino partió hacia su gran aventura.

El primer destino de Tino era la Caverna de los Ecos. Para llegar allí, tuvo que atravesar un vasto desierto de arena dorada y escalar montañas rocosas. Durante el viaje, Tino enfrentó muchas dificultades, pero nunca perdió la esperanza. La brújula dorada siempre le mostró el camino y el mapa antiguo le ofreció pistas cuando más las necesitaba. Finalmente, después de días de viaje, llegó a la entrada de la caverna, una abertura en la montaña que parecía respirar con el eco del viento.

Al entrar en la caverna, Tino sintió un escalofrío de emoción. Las paredes estaban cubiertas de cristales que reflejaban la luz de su antorcha, creando un espectáculo de luces y sombras. El eco de sus pasos resonaba por los pasillos, y Tino se sintió como si estuviera en un lugar mágico, donde cada sonido contaba una historia.

De repente, Tino escuchó un susurro que parecía venir de lo más profundo de la caverna. Siguiendo el sonido, llegó a una sala grande donde un viejo murciélago llamado Matías lo esperaba. "Hola, pequeño tigre," dijo Matías con una voz que parecía un eco en sí misma. "He estado esperando a alguien con un corazón valiente como el tuyo. La Caverna de los Ecos guarda secretos que solo aquellos que escuchan con el corazón pueden entender. Aquí, deberás encontrar tres ecos especiales que revelarán la verdad sobre ti mismo y te guiarán a tu próximo destino."

Matías explicó que los tres ecos eran el Eco de la Sabiduría, el Eco de la Valentía y el Eco del Sueño. Cada uno de estos ecos estaba escondido en diferentes partes de la caverna y debía ser encontrado para completar la prueba. Tino se embarcó en la búsqueda de los ecos, guiado por el brillo de su amuleto y el consejo de Matías.

El Eco de la Sabiduría estaba escondido en una cámara llena de antiguos manuscritos y libros. Tino buscó entre las páginas y, finalmente, encontró un viejo pergamino que hablaba sobre la importancia de conocer y comprender a los demás. Este eco le enseñó a escuchar con atención y a valorar las historias de quienes lo rodeaban.

El Eco de la Valentía se encontraba en una sala llena de espejos que distorsionaban la realidad. Tino tuvo que enfrentarse a sus miedos reflejados y superar sus dudas. Enfrentando cada reflejo con determinación, Tino descubrió que la verdadera valentía no es la ausencia de miedo, sino la capacidad de seguir adelante a pesar de él.

El Eco del Sueño estaba escondido en una cámara donde las estrellas parecían bailar en el aire. Aquí, Tino vio una visión de sus propios sueños y deseos. Aprendió que los sueños son el faro que guía su camino y que deben ser seguidos con pasión y esperanza.

Con los tres ecos en su corazón, Tino dejó la Caverna de los Ecos y se dirigió al Bosque de los Susurros, su siguiente destino. El bosque era un lugar mágico, lleno de árboles altos cuyas hojas murmuraban secretos y caminos que cambiaban como el viento. Tino usó el mapa antiguo para orientarse y encontró un sendero que lo llevó al centro del bosque, donde una fuente mágica brillaba con una luz suave y plateada.

En la fuente, Tino encontró una serie de figuras de madera talladas en formas de animales del bosque. Cada figura tenía un pequeño símbolo tallado en su superficie. Tino usó la brújula dorada y el amuleto para descifrar el significado de los símbolos y descubrir el mensaje del bosque. La fuente le reveló que el Bosque de los Susurros guardaba el último secreto que necesitaba para completar su viaje: el valor de la amistad y la importancia de compartir su propio corazón con los demás.

Con el corazón lleno de gratitud y comprensión, Tino regresó a su hogar en el Valle de los Tigres. Al llegar, sus amigos y familia lo recibieron con alegría y admiración. Tino compartió las historias de su aventura, las lecciones que aprendió y los secretos que descubrió en la Caverna de los Ecos y el Bosque de los Susurros.

El Valle de los Tigres se llenó de nuevas historias y la sabiduría de Tino. Los tigres aprendieron a valorar las historias de los demás, a enfrentar sus miedos con valentía y a seguir sus sueños con pasión. Tino había encontrado lo que siempre había estado buscando: el verdadero significado de la aventura y el poder de compartir su corazón con los demás.

Y así, el pequeño tigre que soñaba con aventuras descubrió que el viaje más importante no es solo el destino, sino el camino recorrido y las lecciones aprendidas en el proceso. El Valle de los Tigres nunca volvió a ser el mismo, y Tino vivió con la certeza de que cada aventura trae consigo el regalo de conocerse mejor a uno mismo y de fortalecer los lazos con quienes más amamos.

Tino the Tiger's Journey

In a far corner of the world, where the sky meets the mountains and the wind whispers through the trees, lived a little tiger named Tino. Unlike the other tigers in his tribe, who enjoyed hunting and exploring, Tino dreamed of uncovering the secrets hidden in the stories he heard from the elders of the forest. His curiosity was as great as his heart, and his eyes shone with a yearning for adventures he could not contain.

One spring morning, as the sun illuminated the hills and the birds sang joyful melodies, Tino decided it was time to start his own adventure. His father, a great and wise tiger, had told him stories about the Echoes Cave and the Whispering Forest, two magical places that, according to legend, were filled with wonders and mysteries. Motivated by these tales, Tino prepared for his journey and said goodbye to his family, promising to return with stories of his own.

Before setting off, Tino received three gifts from his forest friends. The first was a golden compass from the tortoise Tula, which always pointed toward the heart of desires. The second was an ancient map from the owl Ulises, covered with symbols and secrets. The third was a small amulet from the squirrel Susi, which glowed with a warm light in the dark. With these gifts in hand, Tino set out on his grand adventure.

Tino's first destination was the Echoes Cave. To get there, he had to cross a vast desert of golden sand and climb rocky mountains.

During his journey, Tino faced many challenges, but he never lost hope. The golden compass always showed him the way, and the ancient map provided clues when he needed them most. After days of travel, he finally arrived at the entrance of the cave, an opening in the mountain that seemed to breathe with the echo of the wind.

Entering the cave, Tino felt a thrill of excitement. The walls were covered with crystals that reflected the light of his torch, creating a spectacle of lights and shadows. The echo of his footsteps resonated through the passages, and Tino felt as if he were in a magical place where every sound told a story.

Suddenly, Tino heard a whisper coming from deep within the cave. Following the sound, he reached a large chamber where an old bat named Matías awaited him. "Hello, little tiger," Matías said with a voice that seemed to be an echo in itself. "I have been waiting for someone with a brave heart like yours. The Echoes Cave holds secrets that only those who listen with their heart can understand. Here, you must find three special echoes that will reveal the truth about yourself and guide you to your next destination."

Matías explained that the three echoes were the Echo of Wisdom, the Echo of Courage, and the Echo of Dreams. Each of these echoes was hidden in different parts of the cave and needed to be found to complete the trial. Tino embarked on the search for the echoes, guided by the glow of his amulet and Matías's advice.

The Echo of Wisdom was hidden in a chamber filled with ancient manuscripts and books. Tino searched among the pages and finally found an old scroll that spoke about the importance of understanding and valuing others. This echo taught him to listen attentively and appreciate the stories of those around him.

The Echo of Courage was located in a room full of mirrors that distorted reality. Tino had to confront his reflected fears and overcome his doubts. By facing each reflection with determination, Tino discovered that true courage is not the absence of fear but the ability to move forward despite it.

The Echo of Dreams was hidden in a chamber where stars seemed to dance in the air. Here, Tino saw a vision of his own dreams and desires. He learned that dreams are the beacon that guides his path and should be pursued with passion and hope.

With the three echoes in his heart, Tino left the Echoes Cave and headed towards the Whispering Forest, his next destination. The forest was a magical place, filled with tall trees whose leaves murmured secrets and paths that changed like the wind. Tino used the ancient map to navigate and found a trail that led him to the center of the forest, where a magical fountain glowed with a soft, silver light.

At the fountain, Tino discovered a series of wooden figures carved into the shapes of forest animals. Each figure had a small symbol carved into its surface. Tino used the golden compass and the amulet to decipher the meaning of the symbols and uncover the forest's message. The fountain revealed to him that the Whispering Forest held the final secret he needed for his journey: the value of friendship and the importance of sharing his own heart with others.

With his heart full of gratitude and understanding, Tino returned to his home in the Valley of Tigers. Upon his arrival, his friends and family greeted him with joy and admiration. Tino shared the stories of his adventure, the lessons he had learned, and the secrets he had discovered in the Echoes Cave and the Whispering Forest.

The Valley of Tigers was filled with new stories and Tino's wisdom. The tigers learned to value each other's stories, to face their fears with courage, and to follow their dreams with passion. Tino had found what he had always been searching for: the true meaning of adventure and the power of sharing his heart with others.

And so, the little tiger who dreamed of adventures discovered that the most important journey was not just the destination but the path traveled and the lessons learned along the way. The Valley of Tigers was never the same, and Tino lived with the certainty that every adventure brings the gift of better understanding oneself and strengthening the bonds with those we love.

La Ballena Valeria y el Mar de los Sueños Perdidos

En un rincón lejano del océano, donde las olas eran tan profundas como los secretos del mar y el cielo se encontraba con el agua en un abrazo azul, vivía una ballena llamada Valeria. A diferencia de otras ballenas, que disfrutaban de nadar en manada y cantar canciones alegres, Valeria tenía un sueño especial: deseaba encontrar el Mar de los Sueños Perdidos, un lugar mágico del que había oído historias maravillosas en sus viajes.

Desde pequeña, Valeria había escuchado relatos sobre este mar especial, un lugar donde los sueños de las criaturas marinas se volvían realidad y donde la paz y la alegría reinaban. Los ancianos del océano decían que solo los corazones valientes podían encontrarlo, y esto hizo que Valeria sintiera aún más ganas de emprender su propia aventura. Sus amigos, el delfín Damián, la tortuga Tomasa y el pulpo Pablo, la animaban con consejos y buenos deseos antes de que partiera.

Tomasa le dio a Valeria una perla mágica que siempre brillaba con un resplandor suave cuando se estaba cerca de su destino. Damián le ofreció un mapa antiguo, lleno de símbolos y caminos secretos del océano. Pablo, el pulpo, le entregó un pergamino con una inscripción que decía: "Los sueños se encuentran en el corazón del viaje".

Con estos obsequios, Valeria se despidió de sus amigos y emprendió su travesía. Su viaje comenzó navegando a través de mares cristalinos y profundos. La perla mágica brillaba suavemente, guiándola mientras el mapa antiguo mostraba senderos escondidos y secretos del mar. El océano era vasto y lleno de maravillas, y Valeria estaba emocionada por descubrir lo que le esperaba.

En su camino, Valeria se encontró con muchas criaturas marinas que la ayudaron en su búsqueda. Primero, conoció a una estrella de mar llamada Estela, que descansaba en una roca cerca de un arrecife de coral. "Hola, Valeria," dijo Estela con una voz suave y tranquilizadora. "He escuchado sobre tu búsqueda del Mar de los Sueños Perdidos. Para encontrarlo, debes cruzar el Laberinto de Algas y superar la Prueba del Coral."

Valeria, decidida a encontrar el mar mágico, siguió el consejo de Estela y se dirigió hacia el Laberinto de Algas. El laberinto era un enredo de algas marinas que se movían y cambiaban de forma con la marea. Mientras navegaba por el laberinto, la perla mágica comenzó a brillar intensamente, iluminando el camino. Valeria confió en el resplandor de la perla y en su intuición, y finalmente encontró la salida del laberinto.

La siguiente prueba, la Prueba del Coral, la llevó a un hermoso arrecife lleno de corales de colores brillantes y criaturas marinas que nadaban alegremente. Sin embargo, para superar la prueba, Valeria debía encontrar un coral especial en el arrecife que tenía el poder de desbloquear un pasaje secreto hacia el próximo destino. El coral estaba escondido entre las ramas del arrecife y solo podía ser visto cuando la luz del sol lo tocaba de una manera especial.

Valeria se movió cuidadosamente entre los corales, observando cómo la luz del sol jugaba con los colores. Usó el mapa antiguo para ayudarla a localizar el coral especial. Finalmente, encontró el coral y desbloqueó el pasaje, que la llevó a un nuevo territorio del océano.

En este nuevo lugar, Valeria descubrió un gigantesco árbol de algas que se movía lentamente con la marea. Aquí, conoció a una anciana tortuga llamada Eulalia, que había vivido muchos años y había visto muchos océanos. "Saludos, joven ballena," dijo Eulalia con una voz profunda y sabia. "He estado esperando a alguien que busque el Mar de los Sueños Perdidos. Aquí debes enfrentar la última prueba: la Prueba del Corazón. En esta prueba, deberás mirar dentro de ti misma y encontrar la verdadera esencia de tu deseo."

Valeria se preparó para la prueba y se adentró en un claro rodeado de algas brillantes. Mientras nadaba, se dio cuenta de que debía enfrentar sus miedos y dudas sobre sí misma. La Prueba del Corazón le pidió que mirara en su interior y comprendiera por qué deseaba encontrar el Mar de los Sueños Perdidos. Valeria se dio cuenta de que su verdadero deseo no era solo encontrar un lugar mágico, sino comprender mejor su propio corazón y compartir esa comprensión con sus amigos.

Al superar la Prueba del Corazón, Valeria sintió una profunda paz interior y una mayor claridad sobre su viaje. Eulalia la felicitó y le dijo que el Mar de los Sueños Perdidos estaba cerca. "Sigue el brillo de tu perla y sigue el camino de tu corazón. El mar te encontrará cuando estés lista."

Valeria continuó su viaje, guiada por la luz de la perla y la claridad en su corazón. Finalmente, llegó a un lugar donde el océano parecía brillar con una luz dorada y suave. Al acercarse, vio que el agua formaba un hermoso arco iris de colores. Con gran emoción, Valeria se sumergió en el agua y descubrió el Mar de los Sueños Perdidos.

El Mar de los Sueños Perdidos era un lugar maravilloso, lleno de colores brillantes, criaturas marinas felices y una paz que llenaba el corazón. Cada ola y cada burbuja en el mar parecía susurrar secretos de alegría y esperanza. Valeria nadó a través del mar, sintiendo una conexión profunda con el lugar y comprendiendo que había encontrado lo que siempre había estado buscando: la comprensión y la conexión con su propio corazón.

Valeria pasó un tiempo explorando el Mar de los Sueños Perdidos y aprendiendo sobre los sueños y deseos de las criaturas marinas que vivían allí. Descubrió que el verdadero significado del mar no estaba en su magia, sino en la forma en que ayudaba a cada criatura a entenderse mejor a sí misma y a compartir su alegría con los demás.

Cuando llegó el momento de regresar a su hogar, Valeria se despidió del Mar de los Sueños Perdidos con gratitud y alegría. Al regresar al océano, compartió sus experiencias y descubrimientos con sus amigos y familiares. El océano estaba lleno de nuevas historias y sabiduría, y Valeria se convirtió en una fuente de inspiración para todos los que la rodeaban.

El viaje de Valeria había transformado no solo su propia vida, sino también la vida de aquellos que la conocían. El Mar de los Sueños Perdidos había enseñado a Valeria que los sueños y los deseos no son solo destinos, sino caminos de autodescubrimiento y conexión con el mundo. Y así, Valeria vivió con la certeza de que el verdadero viaje está en el corazón de cada aventura, y en compartir las maravillas que uno encuentra con quienes más ama.

Valeria the Whale and the Sea of Lost Dreams

In a far corner of the ocean, where the waves were as deep as the secrets of the sea and the sky embraced the water in a blue hug, lived a whale named Valeria. Unlike other whales, who enjoyed swimming in pods and singing joyful songs, Valeria had a special dream: she wanted to find the Sea of Lost Dreams, a magical place she had heard wonderful stories about during her travels.

Since she was young, Valeria had listened to tales about this special sea, a place where the dreams of marine creatures became reality and where peace and joy reigned. The elders of the ocean said that only brave hearts could find it, which made Valeria even more eager to embark on her own adventure. Her friends, Damian the dolphin, Tomasa the turtle, and Pablo the octopus, encouraged her with advice and good wishes before she set off.

Tomasa gave Valeria a magical pearl that always glowed softly when near her destination. Damian provided her with an ancient map filled with symbols and hidden ocean paths. Pablo, the octopus, gave her a scroll with an inscription that read: "Dreams are found in the heart of the journey."

With these gifts, Valeria said goodbye to her friends and began her journey. Her voyage started by sailing through crystal-clear and deep seas. The magical pearl glowed softly, guiding her as the ancient map revealed hidden trails and ocean secrets. The ocean was vast and full of wonders, and Valeria was excited to discover what awaited her.

Along the way, Valeria encountered many marine creatures who assisted her in her quest. First, she met a starfish named Estela, resting on a rock near a coral reef. "Hello, Valeria," Estela said with a soothing and gentle voice. "I've heard about your search for the Sea of Lost Dreams. To find it, you must cross the Seaweed Labyrinth and overcome the Coral Trial."

Determined to find the magical sea, Valeria followed Estela's advice and headed towards the Seaweed Labyrinth. The labyrinth was a tangle of seaweed that shifted and changed shape with the tide. As she navigated through the labyrinth, the magical pearl began to shine brightly, illuminating the way. Valeria trusted the pearl's glow and her intuition and eventually found her way out of the labyrinth.

The next trial, the Coral Trial, took her to a beautiful reef full of brightly colored corals and cheerful marine creatures. However, to overcome this trial, Valeria needed to find a special coral in the reef that had the power to unlock a hidden passage to the next destination. The coral was hidden among the branches of the reef and could only be seen when sunlight touched it in a special way.

Valeria moved carefully among the corals, observing how sunlight played with the colors. She used the ancient map to help her locate the special coral. Finally, she found it and unlocked the passage, which led her to a new part of the ocean.

In this new place, Valeria discovered a gigantic kelp tree that swayed slowly with the tide. Here, she met an elderly turtle named Eulalia, who had lived many years and had seen many oceans. "Greetings, young whale," Eulalia said with a deep and wise voice. "I have been waiting for someone who seeks the Sea of Lost Dreams. Here you must face the final trial: the Heart Trial. In this trial, you must look inside yourself and find the true essence of your desire."

Valeria prepared for the trial and ventured into a clearing surrounded by glowing kelp. As she swam, she realized that she needed to confront her fears and doubts about herself. The Heart Trial required her to look within and understand why she wanted to find the Sea of Lost Dreams. Valeria realized that her true desire was not just to find a magical place but to understand her own heart better and share that understanding with her friends.

After completing the Heart Trial, Valeria felt a profound inner peace and greater clarity about her journey. Eulalia congratulated her and told her that the Sea of Lost Dreams was near. "Follow the glow of your pearl and listen to your heart's path. The sea will find you when you are ready."

Valeria continued her journey, guided by the pearl's light and the clarity in her heart. Eventually, she arrived at a place where the ocean seemed to glow with a golden, soft light. As she approached, she saw that the water formed a beautiful rainbow of colors. With great excitement, Valeria dove into the water and discovered the Sea of Lost Dreams.

The Sea of Lost Dreams was a marvelous place, filled with bright colors, happy marine creatures, and a peace that filled the heart.

Every wave and bubble in the sea seemed to whisper secrets of joy and hope. Valeria swam through the sea, feeling a deep connection with the place and understanding that she had found what she had always been searching for: understanding and connection with her own heart.

Valeria spent time exploring the Sea of Lost Dreams and learning about the dreams and desires of the marine creatures living there. She discovered that the true meaning of the sea was not just in its magic but in how it helped each creature to understand themselves better and share their joy with others.

When it was time to return home, Valeria said goodbye to the Sea of Lost Dreams with gratitude and joy. Upon returning to the ocean, she shared her experiences and discoveries with her friends and family. The ocean was filled with new stories and wisdom, and Valeria became a source of inspiration for everyone around her.

Valeria's journey had transformed not only her own life but also the lives of those who knew her. The Sea of Lost Dreams had taught Valeria that dreams and desires are not just destinations but pathways of self-discovery and connection with the world. And so, Valeria lived with the certainty that the true journey lies in the heart of every adventure and in sharing the wonders one finds with those we love.

Martín el Mono y el Bosque de los Sueños Compartidos

En un rincón lejano de la selva, donde los árboles tocaban el cielo con sus copas y los ríos susurraban historias antiguas, vivía un mono llamado Martín. A diferencia de los otros monos, que disfrutaban de jugar juntos y saltar de árbol en árbol, Martín prefería estar solo. Sentía que no encajaba y que sus sueños eran diferentes de los de los demás.

Martín tenía un sueño especial: deseaba encontrar el Bosque de los Sueños Compartidos, un lugar mágico del que había oído hablar en viejas leyendas. Se decía que en ese bosque, los sueños de todos se entrelazaban y se volvían realidad, y que quienes lo encontraban nunca se sentían solos de nuevo.

Una tarde, mientras Martín observaba el horizonte desde la copa de un árbol, una mariposa dorada se posó en su hombro. "Hola, Martín," dijo la mariposa con una voz suave y melodiosa. "He oído sobre tu deseo de encontrar el Bosque de los Sueños Compartidos. Yo puedo ayudarte en tu búsqueda."

La mariposa, que se llamaba Alba, le explicó a Martín que el bosque estaba oculto detrás de la Montaña de los Suspiros y que solo aquellos con un corazón valiente y sincero podían llegar a él. Alba le dio a Martín una pluma mágica que siempre brillaba cuando se acercaba a su destino y le ofreció ser su guía en la travesía.

Martín, con la pluma mágica y la compañía de Alba, comenzó su viaje. Primero, tuvieron que cruzar el Río de las Reflexiones, un río tan claro que reflejaba no solo el exterior, sino también los pensamientos y sentimientos más profundos. Mientras cruzaban, Martín vio sus propios miedos e inseguridades reflejados en el agua. Alba le explicó que debía enfrentarlos y aceptarlos para seguir adelante.

Martín, con el apoyo de Alba, comprendió que sus miedos no definían quién era, sino que eran parte de su crecimiento. Al aceptar sus sentimientos, la pluma mágica comenzó a brillar con más intensidad, guiándolos hacia la Montaña de los Suspiros.

La Montaña de los Suspiros era alta y desafiante, con caminos empinados y senderos estrechos. A medida que Martín subía, escuchaba los suspiros del viento que le hablaban de sueños perdidos y anhelos olvidados. Alba le contó que cada suspiro representaba un sueño que alguien había abandonado por miedo o desesperanza. Martín, con su corazón decidido, continuó subiendo, sabiendo que su sueño de encontrar el bosque estaba más cerca con cada paso.

Finalmente, después de un arduo ascenso, llegaron a la cima de la montaña. Desde allí, Martín pudo ver un valle hermoso y exuberante donde se encontraba el Bosque de los Sueños Compartidos. El valle estaba lleno de colores brillantes y sonidos armoniosos que invitaban a todos a unirse y compartir sus sueños.

Martín y Alba descendieron la montaña y entraron al bosque. Allí, Martín se encontró con diversas criaturas que también buscaban el mismo propósito. Conoció a Luna, una joven cierva que soñaba con volar; a Nico, un oso que deseaba ser artista; y a Rita, una rana que quería descubrir nuevos mundos. Juntos, compartieron sus sueños y se dieron cuenta de que al unir sus deseos y esperanzas, podían crear algo aún más grande y hermoso.

El Bosque de los Sueños Compartidos no era solo un lugar mágico, sino un espacio donde cada ser podía encontrar su propósito a través de la conexión con los demás. Martín entendió que no estaba solo y que sus sueños eran valiosos y únicos. Aprendió que al compartir sus sueños con otros, podía encontrar una felicidad y satisfacción mucho más profundas.

Martín decidió quedarse en el bosque por un tiempo, ayudando a otros a encontrar y compartir sus propios sueños. Descubrió que su verdadero propósito era ser un puente entre los corazones y los sueños de las criaturas del bosque. Con cada día que pasaba, el bosque se llenaba de más vida y alegría, y Martín se sentía más completo y conectado con quienes lo rodeaban.

Después de un tiempo, Martín sintió que era momento de regresar a su hogar en la selva, pero no sin llevar consigo las lecciones aprendidas y los amigos que había hecho en el Bosque de los Sueños Compartidos. Alba decidió acompañarlo de vuelta, prometiendo que siempre estaría a su lado como una amiga y guía.

Al regresar a la selva, Martín compartió sus experiencias y las enseñanzas del bosque con sus amigos y familiares. La selva, que antes parecía un lugar de soledad y separación, comenzó a transformarse en un lugar de comunidad y unión. Los otros monos, inspirados por la historia de Martín, empezaron a compartir sus propios sueños y a apoyarse mutuamente.

El viaje de Martín había cambiado no solo su vida, sino también la vida de todos los que lo rodeaban. Aprendieron que los sueños compartidos eran más fuertes y que la verdadera magia estaba en la conexión y el amor entre los seres vivos.

Y así, Martín vivió con la certeza de que nunca más estaría solo, pues había descubierto que su verdadero hogar estaba en los corazones de aquellos con quienes compartía sus sueños y su vida. El Bosque de los Sueños Compartidos seguía existiendo en su corazón, recordándole siempre que la verdadera aventura está en la amistad y la comunidad.

Martin the Monkey and the Forest of Shared Dreams

In a far corner of the jungle, where the trees touched the sky with their canopies and the rivers whispered ancient stories, lived a monkey named Martin. Unlike other monkeys, who enjoyed playing together and jumping from tree to tree, Martin preferred to be alone. He felt that he didn't fit in and that his dreams were different from everyone else's.

Martin had a special dream: he wanted to find the Forest of Shared Dreams, a magical place he had heard about in old legends. It was said that in this forest, everyone's dreams intertwined and became reality, and those who found it never felt alone again.

One afternoon, as Martin gazed at the horizon from the top of a tree, a golden butterfly landed on his shoulder. "Hello, Martin," said the butterfly in a soft and melodious voice. "I've heard about your desire to find the Forest of Shared Dreams. I can help you in your quest."

The butterfly, whose name was Alba, explained to Martin that the forest was hidden behind the Mountain of Sighs and that only those with a brave and sincere heart could reach it. Alba gave Martin a magical feather that always glowed when he was close to his destination and offered to be his guide on the journey.

Martin, with the magical feather and Alba's company, began his journey. First, they had to cross the River of Reflections, a river so clear it reflected not only the exterior but also the deepest thoughts and feelings. As they crossed, Martin saw his own fears and insecurities reflected in the water. Alba explained that he had to face and accept them to move forward.

With Alba's support, Martin understood that his fears did not define who he was but were part of his growth. By accepting his feelings, the magical feather began to glow more intensely, guiding them towards the Mountain of Sighs.

The Mountain of Sighs was tall and challenging, with steep paths and narrow trails. As Martin climbed, he heard the sighs of the wind speaking of lost dreams and forgotten longings. Alba told him that each sigh represented a dream that someone had abandoned out of fear or despair. Martin, with his determined heart, continued climbing, knowing that his dream of finding the forest was closer with each step.

Finally, after a strenuous ascent, they reached the top of the mountain. From there, Martin could see a beautiful, lush valley where the Forest of Shared Dreams was located. The valley was full of bright colors and harmonious sounds that invited everyone to join and share their dreams.

Martin and Alba descended the mountain and entered the forest. There, Martin met various creatures who were also seeking the same purpose. He met Luna, a young deer who dreamed of flying; Nico, a bear who wanted to be an artist; and Rita, a frog who wanted to discover new worlds. Together, they shared their dreams and realized that by uniting their desires and hopes, they could create something even greater and more beautiful.

The Forest of Shared Dreams was not just a magical place but a space where each being could find their purpose through connection with others. Martin understood that he was not alone and that his dreams were valuable and unique. He learned that by sharing his dreams with others, he could find deeper happiness and fulfillment.

Martin decided to stay in the forest for a while, helping others find and share their own dreams. He discovered that his true purpose was to be a bridge between the hearts and dreams of the forest creatures. With each passing day, the forest filled with more life and joy, and Martin felt more complete and connected with those around him.

After some time, Martin felt it was time to return to his home in the jungle, but not without bringing the lessons learned and the friends he had made in the Forest of Shared Dreams. Alba decided to accompany him back, promising that she would always be by his side as a friend and guide.

Upon returning to the jungle, Martin shared his experiences and the teachings of the forest with his friends and family. The jungle, which had once seemed a place of loneliness and separation, began to transform into a place of community and unity. The other monkeys, inspired by

Martin's story, started sharing their own dreams and supporting each other.

Martin's journey had changed not only his life but also the lives of everyone around him. They learned that shared dreams were stronger and that true magic lay in the connection and love between living beings.

And so, Martin lived with the certainty that he would never be alone again, for he had discovered that his true home was in the hearts of those with whom he shared his dreams and his life. The Forest of Shared Dreams continued to exist in his heart, always reminding him that the true adventure lies in friendship and community.